Morgenroutine

In kürzester Zeit zu mehr Energie, Erfolg und Produktivität!!!

TABLE OF CONTENTS

Vorwort

Es liegt in unserer Natur, einzigartig sein zu wollen und uns von der Masse abzuheben. Statt aber wirklich den eigenen Bedürfnissen zu folgen, fallen wir regelmäßig nur allzu leicht in alte selbstzermürbende Gewohnheiten zurück. Wir sollten uns selbst jedoch so behandeln, wie wir es von anderen erwarten – mit Umsicht und Liebe. Aus diesem kühlen Grunde ist es auch an dir, zwischen dir und dem Morgen nichts kommen zu lassen. Es ist die Zeit, in der du deine Person über alles andere stellst.

Benjamin Franklin, Gründungsvater der Vereinigten Staaten, war bekannt dafür, um 4 Uhr morgens aus den Federn zu kriechen. In aller Seelenruhe überlegte er stets erst, was er am jeweiligen Tag erreichen wollte und wie er seine Ziele in die Tat umsetzen könnte. Um vor Tau und Tag auf den Beinen zu sein, ging er für gewöhnlich um 10 Uhr abends ins Bett. Mit welchem Gefühl er den Arbeitstag beschließen wollte, wusste er immer dank der Konzentration auf die Ziele in den frühen Morgenstunden.

Nun ist es ja beileibe nicht jedermanns Sache, um 4 Uhr morgens aufzustehen. Das ändert aber nichts daran, dass du mit der richtigen Einstellung ein erfolgreicheres Leben führen kannst. Um also mit einem Gefühl der Erfüllung und Zufriedenheit spätabends nachhause zu kommen, musst du deine vier Wände mit einer Gesinnung frühmorgens verlassen, die offen für die Herausforderungen des Lebens ist. Sich einen Kopf um Ziele zu machen und sie auf seine Fahne zu schreiben heißt demnach, sie in der Ausübung der täglichen Arbeiten nicht aus den Augen zu verlieren.

Natürlich willst du dich auch von anderen unterscheiden. Folglich musst du mit einer Morgenroutine kokettieren, die ganz und gar auf deine Wünsche und Bedürfnisse abgestellt ist. Alles, was du fürs Erste erreichen willst, ist, dich gesund, glücklich und vital zu fühlen. Die Arbeit daran hilft dir, dich auf deine Prioritäten zu konzentrieren und dich nicht von den Vorstellungen anderer in die Irre führen zu lassen.

Bei Menschen mit einer angemessenen Morgenroutine festigt sich zudem nach und nach die Persönlichkeit und das Bewusstsein, das Leben bereits mit dem Tagesanbruch im Griff zu haben, führt zu einem erhöhten

Selbstvertrauen. Du weißt scheint's, was du tust. Dein überzeugender Auftritt erleichtert dir den Aufbau beruflicher und privater Beziehungen und hilft dir, Höheres im Leben zu erreichen.

Deshalb ist es ungemein wichtig, bereits bei Tagesanbruch klare Ziele vor Augen zu haben und eine klare Aufgabenliste anzufertigen. Wird ebendiese zum unverrückbaren Bestandteil deiner Morgenroutine, wirst du unbewusst à la longue die richtigen Entscheidungen treffen, die zu einem erfolgreicheren Leben führen.

Dieses Buch lehrt dich, eine für dich ideale Morgenroutine zu entwickeln, die deinen Tagesanbrüchen eine besondere Note gibt und jeden Tag lebenswert erscheinen lässt. Auch wartet es mit Methoden auf, die dir helfen, am Ball zu bleiben und das Beste aus allem, was du tust, zu machen.

Werde Herr deiner Tagesanbrüche!

Was dir bewusst wird:

- die Bedeutung der Morgenroutine
- die Kontrolle über dein Leben
- das Geheimnis mentaler Stärke

Schon jemals gewundert, warum manche deiner Kollegen mit einem breiten Grinsen im Gesicht morgens zur Arbeit erscheinen, das dich nicht minder rasch in Rage bringt als das Aufstehen in aller Herrgottsfrühe? Während du ihr Auftreten missbilligst, fragst du dich insgeheim freilich, ob du selbst irgendwann mal ähnlich empfinden würdest. Spätestens da wärst du über ihre kleinen Tricks im Bilde.

Die Angewohnheit, bis in die Puppen zu schlafen, zur Arbeit zu hetzen und den Feierabend herbeizusehnen, ehe der Tag überhaupt begonnen hat, schreit geradezu nach einer Morgenroutine. Eine passende zu finden und sie zur Dauereinrichtung zu machen gibt dir mehr Sicherheit und Halt im Leben, als du für möglich halten würdest. Sie stärkt dich und resultiert endlich in jener geballten Ladung Energie, die sich in einem strahlenden Lächeln widerspiegelt, das so viel besagt wie: »Seht her, es ist, als könnte ich Berge versetzen. Ich bin bereit für die Herausforderungen des Lebens und nehme sie dankbar an.«

Niemand stört dich in den ersten paar Minuten des Tages. Ob es lediglich 10 Minuten sind oder gar Stunden, ist belanglos. Wenn du dich außer Stande siehst, auch nur 10 Minuten zu erübrigen, wirst du nie Herr deines Lebens werden. Der Tagesanbruch ist schließlich die Zeit, in der du weder irgendwelchen Erwartungen gerecht werden musst noch Abgabetermine Grund zur Sorge geben. Hast du erst einmal den richtigen Dreh raus, wie du den Schlaf überlistest, kannst auch du mit einem Lächeln aufwachen und dich fantastisch fühlen.

Naturgemäß befinden wir uns in den ersten paar Stunden nach Tagesanbruch auf dem Leistungshöhepunkt. Schreitet der Tag voran, verlieren wir an Energie und Selbstkontrolle, weshalb übrigens auch Mittags- und Abenddiäten regelmäßig scheitern. Im Lichte dessen ist es wichtig, die kostbare

Morgenenergie nicht auf unnützes Zeug zu verschwenden. Vielmehr solltest du sie zur Stärkung deiner geistigen und körperlichen Gesundheit nutzen. So ist es dir möglich, auch den Rest des Tages konzentriert und motiviert zu bleiben. Durch die Bank stehen Erfolgsmenschen ein bis zwei Stunden vor Arbeitsbeginn auf. Diese Zeit frühmorgens wollen sie nicht missen. Sie ist für sie unerlässlich, um den Tag zu strukturieren und Möglichkeiten auszuloten, Ideen in die Tat umzusetzen. Und damit legen sie den Grundstein zu ihrem Erfolg.

Die Stunde oder wenigen Minuten solltest du dir allmorgendlich gönnen, um dein Leben in den Griff zu kriegen. Halt an der Routine fest und nutze die Zeit, deine Batterien aufzuladen. Mehr braucht es nicht, um in Stimmung zu kommen und tagsüber bei Kräften zu bleiben. Also tu dir den Gefallen und sprich es laut aus: »Die ersten paar Minuten des Tages gehören nur mir.«

Morgenrituale erfolgreicher Menschen

Womit du vertraut wirst:

- mit den Gewohnheiten der Erfolgsmenschen
- mit den Möglichkeiten der Gestaltung eines produktiven Morgens

Es ist uns allen ein Bedürfnis, den Idolen in den sozialen Netzwerken zu folgen. Auch verschlingen wir gierig die Zitate berühmter Persönlichkeiten der Vergangenheit. Umso notwendiger ist es, uns darüber im Klaren zu werden, wie es dazu kommt, dass diese Leute zur Quelle der Inspiration werden. Dieses Kapitel erhellt die gebräuchlichsten Morgenrituale der Erfolgsmenschen und macht deutlich, wie sich deren Leben dadurch verändert.

Steh früh auf!

Völlig zu Recht hat Richard Whately, ein englischer Wissenschaftler, einmal gesagt, dass du einer verlorenen Stunde am Morgen den ganzen Tag über nachtrauerst und nach ihr Ausschau hältst. Die CEOs der meisten Weltkonzerne sind um 4:30 Uhr auf den Beinen. Diese Zeit nutzen sie, um bei sich Einkehr zu halten, sich sportlich zu betätigen oder zu meditieren. Dem Time Magazine zufolge steht etwa Tim Cook, CEO von Apple, um 3:45 Uhr auf und beantwortet eine halbe Stunde lang E-Mails. Frühes Aufstehen hat sich seit jeher bezahlt gemacht. Ob dafür Minuten oder Stunden zusätzlich verfügbar sind, ist für die Karriere von untergeordneter Bedeutung.

Treib Sport!

Es kann nicht früh genug sein, um etwas für die Gesundheit zu tun. Selten treiben die Menschen morgens Sport, um Pfunde zu verlieren. Vielmehr sind sie erpicht darauf, den Tag richtig zu beginnen. Entsprechend bedacht sind sie auch bei der Wahl ihrer Gerichte untertags. Michelle Obama hat es vorgemacht, nicht wenige dazu ermutigt, mit Biokost und einem zünftigen Work-out für körperliches Wohlbefinden zu sorgen. Sie selbst hält sich durch ein tägliches Work-out fit, das zuweilen für 4:30 Uhr in der Früh angesetzt ist. Körper und Geist wissen den regelmäßigen Morgensport zu schätzen.

Mach dein Bett!

Dem berühmten englischen Autor A. A. Milne zufolge ist jede vernünftige Handlung untrennbar mit einem gesunden Maß Organisation verbunden. Das gilt ebenso für deinen gewöhnlichen Alltag. Nicht von ungefähr empfiehlt Charles Duhigg in seinen zwei Büchern über Gewohnheiten und Produktivität, das Bett tagtäglich frühmorgens zu machen. Der Clou ist, das Gehirn gleich bei Tagesanbruch auf Organisation einzustellen. Dann ist es auch während der Arbeit wahrscheinlicher, organisiert und produktiv zu Werke zu gehen.

Viele Erfolgsmenschen sind dafür bekannt, Kaffee durch Tee oder Wasser zu ersetzen oder gleich auf ein gesundes Frühstück zurückzugreifen, um sich fit für den Arbeitstag zu fühlen. Ob das auch auf jene berühmten Schriftsteller der Vergangenheit zutrifft, die ihre besten Werke in den frühen Morgenstunden aufs Papier gebracht haben, steht auf einem anderen Blatt. Es gibt jedenfalls viele Morgenrituale, die Erfolg versprechen. Was für dich geeignet erscheint, versuchen wir im nächsten Kapitel zu ergründen.

Tee oder Kaffee?

Wozu dir geraten wird:

- nicht mit der Herde zu laufen
- Prioritäten zu setzen
- deine Kraftquellen zu finden
- die Spreu vom Weizen zu trennen

Ist dir je aufgefallen, wie wenig Leute Hunde gleichermaßen wie Katzen mögen oder Kaffee ebenso schätzen wie Tee? Genau da scheiden sich die Geister. Genau so funktionieren Morgenroutinen. Es ist an dir, durch Ausprobieren nach und nach herauszufinden, was sich für dich eignet. Es gibt kein Richtig und kein Falsch.

Berühmte, erfolgreiche Menschen lieben den Morgen. Sie alle haben ihre eigenen Morgenrituale, die sie für den Rest des Tages bei Laune halten. Bei Barack Obama etwa stehen Fitness und Familie ganz oben auf der Liste, weshalb ein angemessenes Work-out am Morgen ebenso zu seinen Gepflogenheiten gehört wie das gemeinsame Frühstück mit der Familie.

Steve Jobs hingegen stand im Ruf, allmorgendlich seine Lebensziele zu überdenken. »Die letzten 33 Jahre habe ich jeden Morgen aufs Neue in den Spiegel geguckt und mich stets gefragt: Gesetzt den Fall, dass heute der letzte Tag meines Lebens ist, würde ich das machen wollen, was auf meiner Agenda steht? Und fiel die Antwort auf diese Frage zu häufig negativ aus, wusste ich, dass es an der Zeit war, was zu ändern«, erklärte Jobs in einer Rede einer Abschlussklasse von Stanford.

Um auf deine Lebensziele fokussiert zu bleiben und Erfolg zu haben, ist es unabdingbar, zu jenen ganz persönlichen Morgenritualen zu finden, die dich auf Trab bringen. Hier sind ein paar Tipps:

Prioritäten

Halt dir stets vor Augen, dass dir deine Morgenroutine einen gehörigen Schuss positiver Energie verpasst. Du musst dich völlig auf dich selbst konzentrieren, ganz bei der Sache sein. Jede Ablenkung durch Fernsehen, Musik, Laptop oder Handy ist tabu. Um die Flut von Informationen, die über dich tagsüber hereinbricht, verarbeiten zu können, solltest du dich deinen Gedanken überlassen. Damit läufst du nicht Gefahr, lediglich noch reaktiv statt aktiv zu sein.

Muntermacher

Manchen Leuten hilft es, sich ihre Lieblingsmusik anzuhören, um Leistung zu bringen. Andere wiederum brauchen die absolute Ruhe, um konzentriert und funktionstüchtig zu sein. Liste mögliche Muntermacher auf, um ihre Tauglichkeit als Kraftquellen und Impulsgeber frühmorgens zu testen. So bietet es sich beispielsweise an, mal beim Zähneputzen eine coole Scheibe aufzulegen und der Musik zu lauschen, statt die Dinge zu überstürzen und mit hundert und aberhundert Gedanken an Abgabetermine übereilt das Haus zu verlassen. Kleine Dinge wirken oft Wunder.

Mach eine Liste deiner Prioritäten und Muntermacher:

<u>Beispiel</u>:

Prioritäten	**Muntermacher**

Werde konzentrierter	Meditiere Stell dir bildlich vor, was du erreichen möchtest
Lebe ein gesünderes Leben	Plane deine Mahlzeiten frühmorgens Schaff dir deine Work-out-Routine
Werde effizienter	Notier deine Tages-, Wochen-, Monats- und Jahresziele Überdenke sie in deiner Morgenroutine
Werde selbstsicherer	Sieh auf dein Äußeres – kleide dich schick Sorg für eine angemessene Körperpflege
Sei positiv eingestellt	Liste deine Errungenschaften auf Umgib dich mit konstruktiven Menschen Widme dich erbaulichen Tätigkeiten

5 Dos and Don'ts einer perfekten Morgenroutine

Worüber du im Bilde sein wirst:

- über Wege zu einer angenehmen Nachtruhe
- über die Wichtigkeit, den Kopf frei zu kriegen
- über die Notwendigkeit, deinen Körper zu verstehen
- über Möglichkeiten, in Stimmung zu kommen, um aus dem Tag Kapital schlagen zu können

Im Allgemeinen ist es wahrlich nicht förderlich, alles über einen Kamm zu scheren. Doch es gibt Dinge im Leben, denen unabhängig von der Person ein jeder wohl oder übel Rechnung tragen muss. Wie sich jemand diesen Dingen nähert, kann unterschiedlicher kaum sein. Ergo ist es deine Aufgabe, herauszufinden, was für dich zielführend ist. Dieses Kapitel verrät dir, worauf du achten solltest. Zugleich zeigt es dir auf, was sich bei der Entwicklung deiner Morgenroutine als nützlich erweisen könnte.

Mit Erfolg, Tatkraft und Effizienz ist eher zu rechnen, wenn du die paar Dinge, die im Folgenden beschrieben werden, nicht auf die leichte Schulter nimmst.

Den Schlaf des Gerechten schlafen

Qualität über Quantität zu stellen war noch selten verkehrt. Die Nachtruhe bildet da keine Ausnahme. Um Nutznießer einer wirksamen Morgenroutine werden zu können, ist es zuallererst notwendig, für einen ungestörten, gesunden Schlaf zu sorgen. 6 bis 8 Stunden Schlaf sollten drin sein, wenn du dich wenigstens eine halbe Stunde vor dem Schlafengehen von der Außenwelt komplett ausklinkst, indem du all deine Gadgets abschaltest. Damit stellst du dich geistig auf die Erholung ein und signalisierst gleichzeitig deinem Körper unmissverständlich, dass eine Ruhepause im Anmarsch ist.

Auch ist es sinnvoll, mit der Flüssigkeitsaufnahme zu haushalten. Unmengen von Wasser kurz vor dem Schlafengehen in sich hineinzuschütten ist kontraproduktiv. Die Blase braucht nicht weniger eine Pause als du. Den Körper zu schonen heißt auch, ihn nicht mit Verdauungsarbeiten durch schwere Kost unnötig zu belasten. Konsumier spätabends also tunlichst was Leichtes! Denn ohne Mitarbeit des Körpers ist an einen gepflegten Schlaf nicht zu denken.

Den Kopf frei kriegen

Das A und O einer Morgenroutine besteht darin, dich mental fit für die zahllosen Herausforderungen des Alltags zu machen. Es beginnt damit, dass du den Kopf von allen destruktiven Gedanken des Vortags frei kriegst und dich voll und ganz auf das Hier und Jetzt konzentrierst.

Viele Menschen vermögen mit einer 5- bis 10-minütigen Morgenmeditation die Stimmung aufzuhellen. Falls du nicht der Typ dafür bist, wähle eine Alternative, die einen ähnlichen Effekt verspricht wie die Meditation. So wäre es beispielsweise denkbar, deiner Lieblingsmusik zu lauschen. Im Prinzip geht es jedenfalls darum, dich für eine bestimmte Zeit an einen Ort zu bringen, an dem du abschalten und dich völlig auf dich selbst konzentrieren kannst, um für den Rest des Tages die richtigen Prioritäten zu setzen.

Den eigenen Körper verstehen

Nach einer angemessenen geistigen Entspannung durch Meditation oder Musik ist körperliche Aktivität angezeigt. Sie kann in einem kurzen Work-out ebenso bestehen wie in einem flotten Tanz unter der Dusche (aber nur mit Antirutschmatte). Auf welche Weise du deine Batterien auflädst, ist egal.

Es liegt ganz an dir, darüber zu befinden, was dir guttut und womit du auf Dauer klarkommst. Letztendlich geht es darum, dir das Gefühl zu vermitteln, mit dem Work-out was Vernünftiges gemacht zu haben. Gezielt die Muskeln zu aktivieren gibt dir die Gewissheit einer bewussten Kontrolle über deinen Körper. Das stärkt dein Vertrauen nicht weniger als deinen Selbstwert, was den Grundstein zu einem produktiven Tag legt.

Sich in Stimmung bringen

Eine ausgelassene Stimmung ist lediglich dann denkbar, wenn du strikt alle unnötigen Informationen von dir fernhältst. Vielmehr solltest du dich mit etwas vergnügen, das dir das untrügliche Gefühl gibt, ein Kind in den Sommerferien zu sein.

Reservier 5 bis 10 Minuten für eine erbauliche Tätigkeit. Schnapp dir beispielsweise die Zeitung und stürz dich unmittelbar auf das Kreuzworträtsel. Ein solches ist eine Herausforderung wie Entspannung zugleich für den Geist. Natürlich kommt auch Stimmung auf, wenn du gelegentlich beim Essen sündigst und eine Extraportion Butter aufs Brot schmierst oder dir deine Lieblingszeichentrickserie ansiehst, während du in die Geschäftskleidung schlüpfst. Diese kleinen, bewussten Abweichungen von deiner Morgenroutine lenken von jenen Dingen ab, die dich später im Laufe des Tages bekümmern. Bevor du dich also auf all diese Aufgaben- und Terminnotizen stürzt, verwöhn dich mit was Angenehmem.

Die Welt betreten und sie erobern

Hier gleich ein Tipp zum Auftakt: Schreib all deine Ziele auf Haftnotizzettel und platzier sie just so, dass sie beim Verlassen des Hauses nicht zu übersehen sind. Füge vielleicht auch ein paar aufmunternde Zitate hinzu, allerdings bloß solche, die dir wirklich was bedeuten.

Mit dem Aufruf »Lebe gesünder!« erinnert dich dein Haftnotizzettel unweigerlich daran, es mit dem Junkfood den Rest des Tages nicht zu übertreiben. Ratsam ist es darum, sicherzustellen, dass du allmorgendlich ein paar Sekunden erübrigst, um deine Haftnotizzettel zu lesen, ehe du zur Arbeit gehst.

Auf lange Sicht ist die Gefahr naturgemäß groß, dass du auf das Studium deiner Haftnotizzettel verzichtest. Aus diesem Grund ist es auch unabdingbar, dass sie an Orten kleben, die sich deinen Blicken beim Verlassen des Hauses nicht entziehen können. Das Erfreuliche daran ist, dass du allein durch den flüchtigen Blick auf deine Haftnotizzettel zweifelsohne mit ihnen ihre Botschaften assoziierst. Das führt dazu, dass du unbewusst an deinen Zielen arbeitest, auch wenn du die Notizen nicht länger liest.

Eine Checkliste verrät dir im Handumdrehen, ob du wirklich alles getan hast, um deinen Tag zu versüßen und Höhenflüge zu erleben.

Ziel	**Deine Handlung (z. B.)**	**Check**
fester Schlaf	Greif abends zu leichter Kost Schalt die Gadgets um 22:30 Uhr ab	

	Geh um 23 Uhr zu Bett	
klarer Kopf	Meditiere/treib Yoga Lausch deiner Lieblingsmusik	
Fitness	Mach morgens ein kurzes Work-out Iss gesund zum Frühstück	
gute Laune	Löse Kreuzworträtsel Tanze unter der Dusche Kleide dich schick	
Zielstrebigkeit	Überdenke deine Lebensziele vor dem Verlassen des Hauses	

Sorg für den nötigen Pfiff!

Worauf du nicht verzichten können wirst:

- auf Mehoden zur ungehinderten Beibehaltung deiner Morgenroutine
- auf einen Schuss Magie
- auf die entsprechende Abwechslung

Um den Ruf des Wortes »Routine« ist es denkbar schlecht bestellt. Assoziationen wie langweilig und banal sind nur natürlich und menschlich verständlich. Die Frage erhebt sich damit zwangsläufig, wie wir es dennoch schaffen, mit den Hühnern aufzustehen und uns einem vermeintlichen Stumpfsinn zu widmen. Tja, die Sache ist rasch erklärt. Einen Reiz vermagst du der Morgenveranstaltung lediglich dann abzugewinnen, wenn du das große Ganze im Auge behältst, statt dich zu sehr mit Details wie der ewigen Wiederholung zu beschäftigen. Um also auf Kurs zu bleiben, hier ein paar Tipps:

1. **Konzentriere dich auf die letztlichen Ziele!**
2. **Sorge alle naselang für Abwechslung im Programm!**

3. **Praktiziere eine andere Morgenroutine an Wochenenden!**

4. **Belohne dich selbst!**

5. **Verleih der Veranstaltung den besonderen Zauber!**

Beharrlichkeit führt zum Ziel. Das gilt auch für die Morgenroutine. Es zählt weniger, wie das Ziel erreicht wird, als vielmehr, dass es erreicht wird. Hast du erst einmal die Gewissheit, dich nach unzähligen Tanzeinlagen unter der Dusche pudelwohl zu fühlen, wirst du sie nicht länger missgünstig ansehen, sondern ihnen täglich aufs Neue mit Freude begegnen. Erinnere dich also stets der positiven Wirkung, die deine Morgenrituale bei dir auslösen, anstatt sie als lästige Notwendigkeit zu betrachten.

Versuche, deine Handlungen alle zwei Wochen zu ändern, sodass sich die Morgenroutine nicht wie eine Routine anfühlt. Lies beispielsweise eine Woche lang einen interessanten Artikel, statt ein Kreuzworträtsel zu lösen. Wenn du dann wieder aufs Kreuzworträtsel zurückkommst, fühlt sich das mit einem Mal komplett anders an. Lediglich am Spaßfaktor ändert sich nichts.

Wochenenden müssen dir tatsächlich wie Wochenenden vorkommen, andernfalls machst du irgendwas falsch. Die Menschen sollen mit ihrer täglichen Routine brechen dürfen. Und das gilt selbstredend auch für den Morgen. Sorg also an Wochenenden für mehr Entspannung, indem du mit einem intensiveren Work-out oder einem ausgiebigeren Frühstück liebäugelst. Wie weit du es dabei mit der Entspannung treibst, bleibt dir überlassen, nur geplant will die Sache sein. So duldet die Kontrolle über deinen Morgen am Wochenende keine Ausnahme. Damit fällt es dir denkbar leicht, dich am Montag wieder in die Werktagsroutine einzuklinken. Der Wechsel der Routine ist also nicht das Problem, sondern der Urlaub von der Routine.

Es ist dir nicht gestattet, die Routine an einzelnen Tagen nur halbherzig zu praktizieren. Dafür solltest du dich für die erfolgreiche Aufrechterhaltung der Routine über beispielsweise einen Monat hindurch selbst belohnen. Als Belohnung eignet sich ein Cocktail am Mittwoch ebenso wie ein Kinobesuch am Donnerstag. Lediglich ein Abstrich von der Morgenroutine durch Vernachlässigung einzelner Tätigkeiten ist ebenso wenig eine Option wie der gänzliche

Verzicht auf die Morgenroutine an einem Tag. Kurzum: Du kannst dich nicht für etwas belohnen, das nicht länger Teil deines Lebens ist.

Der letzte, aber um nichts weniger wertvolle Rat ist, deiner Morgenveranstaltung einen Schuss Magie beizumengen. Es braucht zwingend etwas, was dich Tag für Tag frühmorgens aus den Federn bringt. Dabei kann es sich um ein neues Paar Schuhe handeln, das darauf wartet, aller Welt gezeigt zu werden, oder auch nur um ein Stück Schokolade, das du mit sichtlichem Genuss verzehrst. Der Zauber, der von diesen Kleinigkeiten ausgeht, spiegelt sich in deinem ganzen Tun und Treiben am Morgen wider und du hast das Gefühl, in Bestform zu sein.

Fazit

Ich hoffe, dass dir dieses Buch gezeigt hat, welchen Einfluss die Morgenroutine auf dein Fühlen und Denken tagsüber hat. Entscheidend ist, persönliche Ziele zu setzen und die Geschwindigkeit ihrer Umsetzung den individuellen Bedürfnissen anzupassen. Nachdem du dir eine angemessene Morgenroutine zurechtgezimmert hast, die dein Leben vervollständigt, wirst du feststellen, dass sie funktioniert, weil der Morgen zur schönsten Zeit des Tages wird.

Hast du gleichwohl erst einmal Vertrauen geschöpft und zeigen deine Bemühungen Erfolge, läufst du Gefahr, dich auf deinen Lorbeeren auszuruhen und zu vergessen, was dich zu einem neuen Menschen gemacht hat. Wenn du dich glücklicher und wagemutiger fühlst, voller Lebensenergie steckst und alles nur noch durch die rosarote Brille siehst, erinnere dich daran, dass dies das Ergebnis deiner Morgenroutine ist. Dann stehen die Chancen denkbar gut, dass du auch am nächsten Tag frühmorgens auf den Beinen bist, um dich so zu fühlen wie am Tag zuvor.

Wann immer dich also deine Morgenroutine auf eine Probe stellt und du ans Aufhören denkst, steck deine Nase erneut in dieses Buch und mach dir bewusst, warum du dich überhaupt für eine Morgenroutine entschieden hast. Ausdauer ist der Schlüssel zum Erfolg, die Ziele im Auge zu behalten aber die Möglichkeit, motiviert zu bleiben. Lass die Ziele für sich sprechen und finde bessere Alternativen für deine Morgenroutine, sodass diese frisch und lebendig bleibt und auf dich erneut einen Reiz ausübt.

Impressum

Impressum und Verlag: Marie Stern c/o Papyrus Autoren-Club, R.O.M. Logicware GmbH Pettenkoferstr. 16-18, 10247 Berlin

1. Auflage: Februar 2017

Wichtiger Hinweis:

Die in diesem Buch enthaltenen Informationen dienen ausschließlich informativen Zwecken und dürfen unter keinen Umständen als Ersatz für eine professionelle Beratung oder Behandlung durch ausgebildete und anerkannte Ärzte angesehen werden. Diese beinhalten keinerlei Empfehlungen bezüglich bestimmter Diagnose- oder Therapieverfahren. Die Inhalte dürfen niemals als eine Aufforderung zur Selbstbehandlung oder als Grundlage für Selbstdiagnosen und -medikation verstanden werden. Die Informationen spiegeln lediglich die Meinung des Autors wider. Der Autor übernimmt für die Art oder Richtigkeit der Inhalte keine Garantie, weder ausdrücklich noch implizit.

Sollten Inhalte des Buches gegen geltendes Recht verstoßen, dann bittet der Autor um umgehende Benachrichtigung. Die betreffenden Inhalte werden dann umgehend entfernt oder geändert.

Haftung für Links

Das Buch enthält Links zu externen Webseiten Dritter, auf deren Inhalte wir keinen Einfluss haben. Deshalb können wir für diese fremden Inhalte keine Gewähr übernehmen. Für die Inhalte der verlinkten Seiten ist stets der jeweilige Anbieter oder Betreiber der Seiten verantwortlich. Die verlinkten Seiten wurden zum Zeitpunkt der Verlinkung auf mögliche Rechtsverstöße überprüft. Rechtswidrige Inhalte waren zum Zeitpunkt der Verlinkung nicht erkennbar. Eine permanente inhaltliche Kontrolle der verlinkten Seiten ist jedoch ohne konkrete

Anhaltspunkte einer Rechtsverletzung nicht zumutbar. Bei Bekanntwerden von Rechtsverletzungen werden wir derartige Links umgehend entfernen.

18008263R00025

Printed in Poland
by Amazon Fulfillment
Poland Sp. z o.o., Wrocław